M. L'ABBÉ PRUD'HOMME

CHANOINE-DOYEN

du Chapitre de la Cathédrale de Saint-Brieuc

FONDATEUR - DIRECTEUR

DE L'ARCHICONFRÉRIE DE NOTRE-DAME D'ESPÉRANCE

Missionnaire Apostolique

SAINT-BRIEUC

IMPRIMERIE-LIBRAIRIE DE L. PRUD'HOMME

1882

27 MARS 1812

1ᴱᴿ FÉVRIER 1882

M. L'ABBÉ PRUD'HOMME

*Voici quelques fragments de l'Allocution de M*ᵍʳ *l'Evêque de Saint-Brieuc et Tréguier aux funérailles de M. l'Abbé Prud'homme, Doyen du Chapitre.*

> Dominus mortificat et vivificat. (I Reg. II. 6.)
> C'est Dieu qui envoie la mort et qui ramène
> à la vie.

Nos très chers Frères,

Encore un deuil pour le chapitre de notre cathédrale ! Encore une perte douloureuse pour votre cœur et pour notre cœur !

Il n'est plus, ce prêtre vénérable, que notre ville était habituée depuis près de cinquante ans à louer, à admirer, à voir toujours au premier rang quand il s'agissait de donner une marque d'amour et de dévouement à Dieu, à Marie, à la sainte Eglise, au Vicaire de Jésus-Christ !

Il n'est plus ! Sa mort, précédée de longues souffrances, d'une de ces maladies qui défient tous les efforts de l'art humain, a été digne de sa vie. Il a été calme, patient, résigné, courageux, jusqu'au dernier soupir.

D'autres écriront son histoire et rappelleront ses œuvres qui lui survivront. Vous n'entendrez aujourd'hui que quelques paroles de son évêque près de qui, pendant vingt ans, il a vécu, et qui n'était séparé de lui par l'âge que d'un seul jour. Il me précède ; je le suivrai bientôt, ou plutôt bientôt nous le suivrons tous. Car chaque mort est une leçon pour les vivants, et de chaque tombe entr'ouverte s'échappe une voix qui nous crie ces graves paroles que nous entendons si souvent et que nous semblons pourtant si facilement oublier : *Hodiè mihi, cras tibi*, aujourd'hui c'est mon tour, demain ce sera le vôtre !

Oui, pour nous tous aussi, vont s'évanouir les rêves et les illusions de la vie, et se briser ces liens si chers et si puissants qui nous enchaînent à cette terre, que nous prenons trop souvent pour la patrie, et qui n'est que le lieu de passage pour y arriver.

Heureux qui vit ici-bas, les yeux et le cœur tournés vers les biens immortels ! La mort frappe à sa porte ; la voix de Dieu l'appelle. Il se lève sans effroi et répond : me voici ! Car pour le juste la mort est l'entrée dans l'éternelle vie ! *Dominus mortificat et vivificat.*

C'est ainsi qu'a vécu, c'est ainsi qu'est mort M. l'abbé Paul Prud'homme, Doyen de notre Chapitre, par notre choix et son ancienneté capitulaire.

Chaque homme ici-bas, chaque prêtre surtout, a sa physionomie, son caractère qui répond à sa mission providentielle et résume sa vie. De même que nous disions, il y a peu de jours, de M. le chanoine Baldini que la bonté, la bonté qui se met au service des âmes, était sa qualité dominante, nous dirons que la fermeté du vouloir, la force morale, la constance qui s'inspire d'une grande foi et d'un zèle infatigable, était la vertu distinctive de M. l'abbé Prud'homme. Beaucoup d'hommes, même avec de grands projets, ne les achèvent pas ; ils meurent sur le sillon commencé et arrosé de leurs sueurs. Ce que M. l'abbé Prud'homme a commencé, il l'a achevé. On parle de la défaillance des caractères à notre époque. Il était un caractère.

Citons d'abord sa belle œuvre de l'Archiconfrérie de N.-D. d'Espérance. C'est sa gloire ! C'est par là surtout que son nom sera béni ; car son œuvre est répandue dans une grande partie de l'Europe catholique. Nous l'avons trouvée florissante à Rome, à l'église des PP. Capucins ; à Florence, au *San Spirito*, comme dans la plupart des villes de France, et nous avons vu de nos yeux le grand Pontife Pie IX, un des premiers associés, ouvrir ses bras et son cœur au pieux Doyen pour le bénir et le louer de sa création.

Créer une œuvre, c'est une grande chose, toute pleine d'obstacles. Il y a pourtant quelque chose de plus difficile, c'est d'organiser, de maintenir, de conserver, de perpétuer les œuvres. C'est la pierre de touche de la valeur des hommes ; car, pour cela, il faut un courage élevé à une sorte d'héroïsme. M. l'abbé Prud'homme l'a eu ; il a su vouloir, et vouloir avec constance. Son activité était prodigieuse ; il l'a concentrée sur un but principal, au lieu de la disperser sur plusieurs.

Notre-Dame d'Espérance, voilà sa vie ! Ce qu'il a fait pour son œuvre, les peines qu'il s'est données, les obstacles vaincus, les sacrifices accomplis, tout cela ne peut se compter. Et au fond de tout cela, il y avait une idée supérieure, un sentiment profond, digne de sa piété. Lequel ? L'amour de Marie. La Reine du ciel et de la terre était la Reine et la maîtresse de sa vie. Au milieu des maux immenses à travers lesquels se débat la pauvre humanité, au milieu des tentations, des souffrances, des larmes, héritage de notre premier père, il avait compris la beauté de cette pensée d'un illustre breton : *Elle est divine la Religion qui a fait une vertu de l'Espérance !* (Châteaubriand.) Il se rappelait que, depuis bien des siècles, l'Eglise qui souffre et combat lève son regard mouillé de larmes vers Marie, et s'écrie : *Spes nostra, salve ! Salut, ô notre espérance !* Tel est le doux nom sous lequel il voulut que son œuvre fût connue dans l'Eglise.

Qui ne serait frappé, N. T. C. F., d'une merveilleuse coïncidence ? Il y a trente-quatre ans, le 1er Février, il écrivait sur le socle de cette belle statue, qui devait bientôt se promener triomphalement dans nos rues, au milieu de nos foules agenouillées, il écrivait, dis-je, ces mots : Notre-Dame d'Espérance. Le même jour, à trente-quatre ans de distance, il rendait le dernier soupir.

Pourquoi ne verrions-nous pas là une marque de la bonté de Marie ? Pourquoi n'est-ce pas elle, la Mère de miséricorde, qui, au dernier moment, en cet anniversaire sacré, s'est montrée à son âme, en lui disant : « Je suis Notre-Dame d'Espérance ! L'heure est venue. Bon et fidèle serviteur, qui m'as donné ton cœur et ta vie, viens au séjour de l'éternelle joie, la joie même du Seigneur ! *Intra in gaudium Domini tui.* »

Comment pourrais-je oublier le Sanctuaire qu'il a construit à Notre-Dame, un des beaux monuments de notre Bretagne, qu'il ornementait chaque jour avec un goût supérieur ? Il avait compris de bonne heure le mérite de ce style ogival, le seul que la foi ait créé dans une heure d'enthousiasme, le seul qui fasse prier et rêver de l'infini. Il nourrissait avec amour un projet, le cher projet de son cœur, celui de le voir consacrer au milieu d'un grand concours d'Évêques. « Non, disait-il, Dieu ne me laissera pas mourir avant ce jour-là ! » Dieu en a jugé autrement !... Il contemplera la cérémonie du haut du ciel.

Il fallait le voir dans les grandes solennités de Notre-Dame d'Espérance. Comme sa belle figure, couronnée d'un diadème de cheveux blancs, rayonnait ! Comme le sourire du cœur arrivait radieux à ses lèvres ! Car Dieu l'avait admirablement doué au point de vue même des avantages physiques.

Tel il était le jour du couronnement, dont le souvenir est encore présent à toutes vos mémoires. Tel, les deux jours de ce grand pèlerinage, où il avait compté quarante-cinq mille personnes, venues de tous les points de l'horizon ! Tel, chaque année, à la procession splendide de la fin de mai, à laquelle notre ville entière aimera toujours à s'associer.

Car c'étaient là ses joies, ses uniques joies. Appartenant à une des familles les plus honorables de notre ville, une de ces familles qui ont derrière elles deux cents ans de foi, d'honneur et de bons exemples, il n'a travaillé ni à s'enrichir, — car il meurt plus pauvre qu'à son entrée dans la vie, — ni à jouir des plaisirs de ce monde. Il n'a songé qu'à cacher son bonheur dans son devoir : c'est le secret des vrais chrétiens.

Son zèle pourtant n'avait rien d'étroit. Il savait se donner au bien sous ses formes multiples.

L'Œuvre de l'Adoration perpétuelle, d'où est sortie une de nos pieuses et chères communautés, lui doit beaucoup.

N'a-t-il pas été longtemps à la tête de l'Œuvre des Tabernacles, qui vient au secours de nos églises pauvres, heureuse de revêtir le prêtre indigent de ses vêtements sacrés, et de mettre quelquefois entre ses mains le calice où il puise, avec le sang de Jésus-Christ, le courage du sacrifice ?

N'était-il pas le Directeur écouté de l'association des enfants de Marie qui réunit l'élite de la société de notre diocèse ?

L'antique congrégation des hommes, qui se réunissent chaque dimanche pour prier et s'édifier, n'avait-elle pas ses soins et ses prédilections ?

Et vous, nos chères filles des Communautés de notre ville, qui aimiez à l'avoir pour directeur de vos consciences, vous connaissiez son zèle, sa bienveillance, la sagesse de sa pensée.....

Pourquoi pousser plus loin cette allocution, dont plus que personne nous sentons l'insuffisance ? Son plus bel éloge, notre ville le fait en ce moment par la foule qui remplit notre Cathédrale ; elle l'a fait dans ces trois jours, en se pressant autour de ses restes vénérés, avec ces marques touchantes de foi que la conscience des fidèles ne prodigue qu'aux saints prêtres.

Arrêtons-nous là, N. T. C. F., et en face de ce cercueil, rappelons-nous la brièveté de la vie, la nécessité de nous préparer nous-mêmes à une sainte mort. Redisons-nous la parole de la sainte Ecriture : *Ceux qui sèment dans les larmes moissonneront dans la joie.* Semer dans les larmes, voilà la vie présente !

Mais pourquoi des larmes en ce moment ? Ne pleurez pas beaucoup, dit le Sage, sur celui qui meurt dans les bras de Dieu, parcequ'il se repose des fatigues de la vie *(Eccli.).* Pleurons plutôt sur nous-mêmes et sur nos fragilités. Pleurons sur les maux qui attendent la sainte Eglise catholique, plus attaquée et plus menacée aujourd'hui que jamais.

Pour moi, j'applique en finissant à ce prêtre selon le cœur de Dieu, qui avait le culte de l'espérance chrétienne sous sa forme la plus suave et la plus touchante, je lui applique, dis-je, ce beau mot de nos saints Livres : Son espérance est pleine d'immortalité ! *Spes illius immortalitate plena est (Sap. III, 4.).*

Ainsi soit-il.

282. — SAINT-BRIEUC. — IMP. L. PRUD'HOMME.

16

www.ingramcontent.com/pod-product-compliance
Lightning Source LLC
LaVergne TN
LVHW020109070726
842525LV00018B/2633